Nadia Berkane

Bébé Koala
Chez Papi et Mamie

hachette
JEUNESSE

KOKOLALA-2000

Papa et Maman partent en amoureux pour le week-end.
Et c'est Papi et Mamie qui gardent les petits… Youpi !
« Je ne veux pas y aller ! dit Allistair en tapant des pieds. On va s'ennuyer ! »

Mamie

Papi

un sac à dos

Il fait grand soleil dans le jardin
de Papi et Mamie !
Pendant que le petit hamster grignote
tomates et radis, Bébé Koala cueille
de jolis pissenlits pour les offrir
à sa grand-mère chérie !

une tomate

un radis

des pissenlits

sirop
de fraise

« C'est l'heure de la sieste pour Petit Frère, murmure Mamie. Et si vous alliez prendre l'air avec Papi ?

– En route, les deux fripons ! dit Papi. Nous allons nous promener et ramasser des champignons !

un bouquet de fleurs

un panier

du sirop de fraise

– Waouh ! On va dans la forêt du grand méchant loup ! » s'exclame Bébé Koala. Allistair, lui, ne rigole pas… Il tremble, s'accroche à Bébé Koala et n'hésite pas à semer quelques miettes de pain pour être sûr de retrouver son chemin…

une forêt

un loup

du pain

« Attrape-moi ! » crie Bébé Koala
en se cachant dans les bois.
Mais le petit hamster ne joue pas ;
il sursaute au moindre gazouillis et ne
quitte plus d'une semelle son papi !

un champignon

se cacher

un écureuil

« Scronch ! scronch ! » Allistair entend de drôles de bruits autour de lui…
« Il y a un monstre derrière le buisson ! » crie-t-il tout à coup.
Papi le rassure en démasquant un joli petit lapin attiré par les miettes de pain !

s'inquiéter

un buisson

un lapin

« À table, mes chéris ! » annonce Mamie après avoir écouté ce palpitant récit. Miam ! miam ! Tout le monde se régale avec une soupe aux champignons des bois et, au dessert, un énorme bavarois !

un bol de soupe

une chaise haute

un bavarois

Ding ! Dong ! Voilà Papa et Maman !
Allistair boude dans son coin…
« Je ne veux pas partir ! dit-il.
On s'amuse trop bien chez Papi
et Mamie ! »

une valise

une porte

un téléphone

KOKOLALA-200

Tût ! tût ! Tout le monde monte en voiture… Au revoir, Papi et Mamie !
« Mais où est donc passé Allistair ? demande soudain Papa en démarrant.
– Regarde, Maman : il court derrière la voiture ! » dit Bébé Koala en rigolant.

un klaxon

dire au revoir

une voiture

rigoler